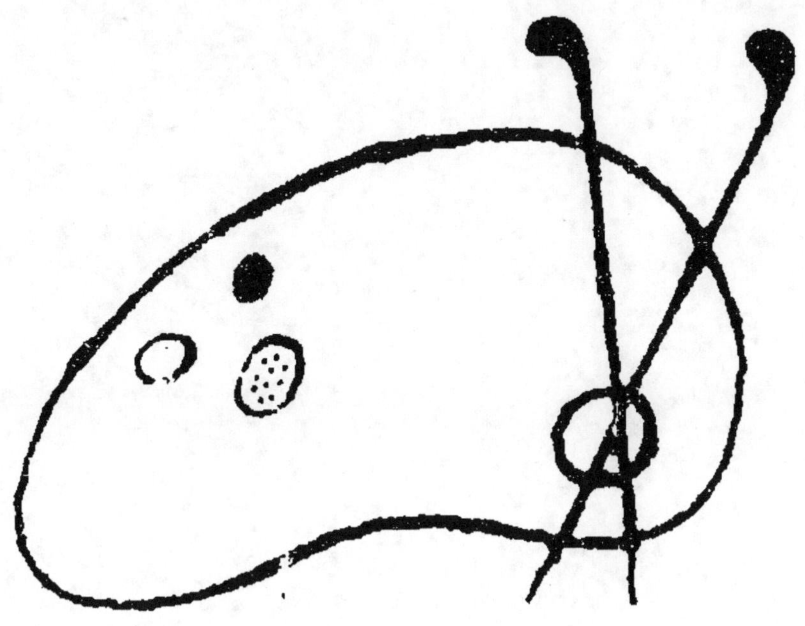

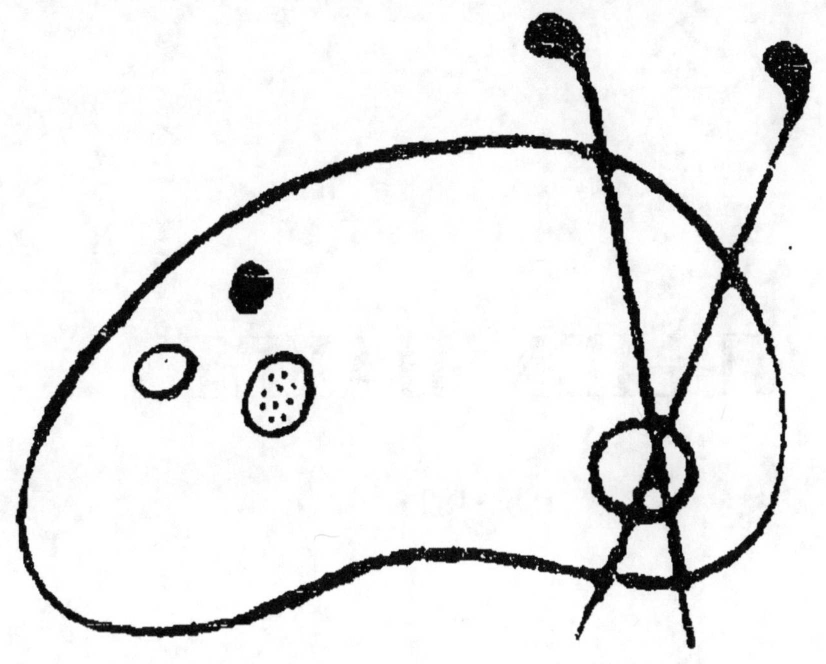

Fin d'une série de documents
en couleur

JULIEN HAVET

1855-1895

JULIEN HAVET

Notre confrère Julien-Pierre-Eugène Havet est décédé à Saint-Cloud le 19 août 1893, à l'âge de quarante ans. Les obsèques ont été célébrées le surlendemain à l'église de la Madeleine à Paris. Sur la tombe, au cimetière de Montmartre, M. Léopold Delisle et M. Jules Lair se sont faits les interprètes des sentiments de profond regret qu'une mort aussi cruelle et aussi inopinée inspire à tous ceux qui ont connu Julien Havet, principalement à la Bibliothèque nationale et à l'École des chartes.

A la suite de ces discours, nous insérons la notice que notre confrère avait rédigée en 1892, d'après le plan adopté par la Société, pour entrer dans la « Bibliographie des travaux publiés par les anciens élèves de l'École des chartes. »

DISCOURS DE M. L. DELISLE,

ADMINISTRATEUR GÉNÉRAL DE LA BIBLIOTHÈQUE NATIONALE.

Messieurs,

Rarement la Bibliothèque nationale a été éprouvée par un malheur comparable à celui qui la frappe aujourd'hui. Elle perd en Julien Havet un de ses fonctionnaires les plus distingués, un de ceux qui lui ont rendu le plus de services, un de ceux sur lesquels elle fondait les plus grandes et les plus légitimes espérances. La carrière qu'une mort si imprévue vient de brusquement interrompre a été courte ; mais elle a été si bien remplie qu'on s'étonnera du nombre et plus encore de la valeur des travaux qui ont pu être entrepris et menés à bonne fin pendant une période aussi restreinte.

Dès sa plus tendre jeunesse, Julien Havet laissa deviner des dons naturels qui se développèrent, comme par enchantement, sous les yeux et la direction de son illustre père et dont il devait faire un si

noble emploi. Déjà, sur les bancs de l'École des chartes, par son
application à s'assimiler l'enseignement de tous les professeurs et
par la méthode qu'il suivit pour recueillir et mettre en ordre les
matériaux de sa thèse, il avait fait preuve d'une rare aptitude aux
œuvres d'érudition. Ceux qui avaient dès lors entrevu son ardeur
au travail, l'étendue de sa mémoire, la clarté de ses idées, la
sûreté et la finesse de sa critique, l'aménité et la fermeté de son
caractère, la délicatesse de sa conscience, savaient quel précieux
concours il donnerait à l'établissement littéraire qu'il serait appelé
à servir.

D'heureuses circonstances permirent à la Bibliothèque nationale de l'enrôler aussitôt dans les rangs du personnel du Département des imprimés. Pendant les dix-huit ans qu'il y a passés,
il n'a pas cessé un seul jour de donner l'exemple du strict accom-
plissement du devoir et de montrer que, dans les besognes les
plus humbles, même dans celles que des esprits superficiels peu-
vent trouver fastidieuses, il y a moyen d'exercer son intelligence
et de déployer des talents d'un ordre supérieur.

Il s'était rendu compte de l'origine et par là même de la raison
de traditions qu'il est plus facile de dédaigner que de comprendre,
et, après avoir docilement appris à les respecter, il savait à son
tour en démontrer l'utilité et l'importance, comme on le vit en
1890 quand il expliqua aux élèves de l'École des chartes, dans
un petit nombre de leçons, les principes d'après lesquels doivent
être préparés et disposés les éléments du catalogue d'une grande
bibliothèque.

Le respect des traditions s'alliait chez Julien Havet à un très
vif amour du progrès, à un esprit d'initiative très hardi et à une
rigueur de principes dont il ne fut jamais tenté d'abuser, tant il
savait avec quelle prudence il fallait toucher aux rouages de méca-
nismes compliqués et vieillis, tenir compte de ressources limitées
et ne point s'exposer, par excès de zèle, à désorganiser des services qui ne supportent point la moindre interruption. Aussi
toutes les améliorations dont il a eu l'idée, et qu'il a réalisées
d'accord avec ses collègues, ont-elles pu se concilier avec nos
anciennes habitudes et s'introduire graduellement sans jamais
amener aucune perturbation.

C'est surtout dans le bureau des entrées, auquel il a toujours
été spécialement attaché et dont la direction lui fut confiée en
1890, qu'il eut l'occasion de nous faire profiter de ses connais-
sances encyclopédiques, de sa familiarité avec les langues et les

littératures de toute l'Europe et même d'une partie de l'Orient, de son intelligente curiosité, de ses habitudes d'ordre et de sa parfaite entente des besoins des différentes classes de lecteurs qui fréquentent la Bibliothèque nationale. C'est là qu'on le vit faire complètement abstraction de ses goûts personnels et se préoccuper de faire arriver sur nos rayons tout ce que nous avons l'obligation de réclamer au dépôt légal, en essayant, par des démarches auprès des administrations, des auteurs ou des libraires, de combler les lacunes résultant des imperfections de la loi et des négligences ou des oublis des imprimeurs.

La nécessité de veiller à tous ces détails administratifs, d'assurer la conservation d'impressions dépourvues en apparence de caractère littéraire, historique ou scientifique, de défendre les intérêts de la Bibliothèque contre les prétentions des fournisseurs, n'altérait jamais sa bonne humeur. A ses yeux, tout ce qui pouvait contribuer à l'accroissement et au bon ordre des collections prenait de l'importance et était digne de fixer l'attention et de prendre le temps d'un bibliothécaire. Il y apportait les mêmes soins qu'à ces travaux historiques auxquels il a consacré tous ses *loisirs et qui devaient, nous en avons la conviction, lui ouvrir à* bref délai les portes de l'Académie des inscriptions et belles-lettres.

Les mémoires qu'il a publiés sous le titre de *Questions mérovingiennes* ont eu un grand retentissement en France et en Allemagne. On peut dire que, sur des points essentiels, il a renouvelé la critique de documents qui sont au premier rang parmi les sources de la partie la plus ancienne de nos annales. Il a enlevé tout crédit à des textes sur lesquels personne avant lui n'avait élevé le moindre soupçon, et il a ouvert des voies nouvelles à la diplomatique sur un terrain que les érudits des deux derniers siècles et ceux de l'époque contemporaine avaient battu dans tous les sens. Qui de nous n'a pas admiré la sagacité avec laquelle il a étudié les systèmes d'écritures tironiennes, et notamment celui qui avait cours en Italie au xe siècle et qui lui a livré le secret d'une partie de la correspondance politique de Gerbert?

La *Bibliothèque de l'École des chartes* doit se féliciter d'avoir eu la primeur de la partie la plus considérable de ces études, mais elle a envers Julien Havet des obligations d'un genre tout particulier. Pendant plus de dix ans il a rempli les ingrates fonctions de secrétaire de la rédaction avec un soin, une compétence, une modestie et un tact que jamais ses camarades ne sauront assez reconnaître. Il rendait des services analogues au Comité des travaux historiques, dont il était membre depuis le commencement de l'année 1892, et à l'Académie des inscriptions et belles-lettres, dont il faisait connaître les travaux en préparant le compte-rendu officiel des séances et en publiant chaque semaine, dans la *Revue critique,* des analyses aussi exactes que précises qui étaient fort goûtées, surtout à l'étranger.

Tous ces travaux, fruits de mûres réflexions, s'exécutaient sans précipitation et sans bruit, aux applaudissements discrets d'un petit nombre de connaisseurs dont les suffrages étaient la meilleure récompense de Julien Havet. Son courage était soutenu par la conscience du devoir rempli et par la certitude que son dévouement contribuait dans une large mesure à procurer au public les ressources qu'on croit pouvoir trouver à la Bibliothèque nationale. Il ne se faisait pas illusion. Pleine justice lui a toujours été rendue et par ses chefs, et par ses collègues, et par ses subordonnés, et par les habitués de la salle de travail. Que de fois n'a-t-il pas imaginé d'ingénieux expédients pour faire face à des difficultés imprévues et pour atténuer les inconvénients de lacunes que nous avons à déplorer dans notre personnel comme dans nos collections !

Si nous avons eu tant à nous louer de sa collaboration pendant les années de sa jeunesse, que ne devions-nous pas en espérer pour le temps, en apparence prochain, où le gouvernement, guidé par la voix publique, l'aurait appelé à présider aux destinées du grand établissement auquel il avait voué sa vie et dans lequel son trop court passage au Département des imprimés laissera une trace ineffaçable !

Ce sont là, hélas ! de vains regrets. Mais il fallait les exprimer dans cette triste cérémonie, encore plus par amour de la vérité et par esprit de justice que par désir de montrer combien la Bibliothèque nationale s'associe à la douleur d'une femme si digne d'un tel époux et à celle d'un frère si cruellement atteint dans ses affections. Nul ne serait assez téméraire pour essayer de consoler de pareilles afflictions. Mais il importait de rendre, sans plus tarder, un hommage public au fonctionnaire qui a servi la Bibliothèque nationale avec tant de dévouement, au savant dont les travaux ont fait honneur au pays et seront toujours cités comme des modèles, à l'homme dont la mémoire restera chère à tous ceux qui ont eu l'avantage de pouvoir apprécier les incomparables qualités de son intelligence et de son cœur.

DISCOURS DE M. J. LAIR,

PRÉSIDENT DE LA SOCIÉTÉ DE L'ÉCOLE DES CHARTES.

Mesdames, Messieurs,

Au nom de la Société de l'École des chartes, je viens rendre un dernier hommage au confrère, à l'ami que nous avons perdu, au collaborateur éminent qui depuis tant d'années nous prêtait son précieux concours.

Notre maître M. L. Delisle nous a dit, dans des termes qui nous ont tous émus, ce qu'était M. Julien Havet et combien sa perte était douloureusement sentie à la Bibliothèque nationale.

La mort d'un homme aussi laborieux et d'une aussi grande portée d'esprit creuse, hélas! en plus d'un endroit, un vide difficile à combler.

Notre Société en apprécie tout particulièrement l'étendue.

Julien Havet, né à Vitry-sur-Seine le 4 avril 1853, entrait à l'École des chartes en 1872. Après des études brillantes, il en sortait, en janvier 1876, le premier de sa promotion. Dès l'année suivante, honneur peu commun, il était nommé membre de la Commission de publication de notre Société.

En réalité, la publication de la Bibliothèque de l'École des chartes constitue notre véritable objet social ; elle est le signe de notre vie comme elle en est l'honneur. La nomination que je viens de rappeler était donc une grande marque de confiance accordée au jeune archiviste paléographe, confiance parfaitement méritée.

Julien Havet prouva, dès le début, qu'il possédait les traditions des maîtres. Seize ans d'une collaboration incessante, à la fois habile et dévouée, ont justifié notre heureux choix et les suffrages unanimes que nous aurions voulu lui continuer longtemps encore.

Vous connaissez tous, Messieurs, les travaux dont il a enrichi notre recueil, ses premières études : sur la *Série chronologique des gardiens et seigneurs des îles normandes ;* sur les *Cours royales des îles normandes.*

A ce sujet, permettez-moi de rappeler les paroles de M. Gaston Paris dans son rapport sur le concours des antiquités nationales :

« Parmi les ouvrages présentés, aucun n'est composé avec plus d'art, de science, de critique, aucun ne permet de concevoir pour l'avenir de son auteur de plus vives et de plus justes espérances. »

Ces espérances, Julien Havet ne tardait pas à les réaliser.

Je ne puis énumérer ici toutes les œuvres de notre confrère. Chacune d'elles marquait un progrès.

On se rappellera longtemps à la Société la séance où l'on entendit la lecture de son mémoire sur la formule *Vir inluster* des actes mérovingiens. On éprouva la sensation d'une vive lumière dissipant l'obscurité et s'imposant. Ce fut une révélation.

Notre confrère prit alors rang parmi les maîtres de la diplomatique. Le monde savant, en France et en Europe, connut Julien Havet, qui en 1887 obtenait le prix Delalande-Guérineau à l'Académie des inscriptions et belles-lettres et en 1890 le second prix Gobert pour une publication des lettres de Gerbert. Chacun de nous, reprenant les justes espérances dont parlait Gaston Paris en 1877, entrevoyait le jour où notre confrère, après avoir reçu ces hautes récompenses, serait appelé à son tour à les décerner. Hélas! M. L. Delisle n'a pu lui apporter son vote que sur sa tombe.

Havet était devenu chez nous le représentant incontesté de l'érudition française dans les questions mérovingiennes. Sa critique habile poursuivait, anéantissait des documents suspects, leur enlevait une autorité usurpée, en même temps en ramenait d'autres à leur véritable place. Quand la mort l'a frappé, il allait faire la lumière sur la question des *Acta Cenomannensium episcoporum.*

L'autorité me manque pour louer dignement notre confrère; mais je puis bien dire ce qui est répété partout, partout admis comme constant. Julien Havet possédait, non seulement une érudition vaste et solide, mais de plus un sens critique très pénétrant, une puissance étonnante de réflexion. Une fois maître de son sujet, il l'exposait avec une lucidité merveilleuse, comme s'il le voyait. Il avait l'art de se faire écouter. Dans les discussions, son calme, sa présence d'esprit, la sûreté avec laquelle il portait le coup droit d'un bon argument, lui assuraient une supériorité dont il avait le bon goût de ne pas abuser.

Sous son apparence un peu froide, tout au moins réservée, Julien Havet cachait un excellent cœur.

Il y a quelques mois à peine, après une séance de la Société, au cours d'une conversation intime, il nous entretint de notre

École, de son enseignement ; il en signalait avec une justesse remarquable les traits distinctifs, manifestant le vif désir d'en voir conserver l'originalité ; tout cela dit avec sa mesure, sa netteté habituelles, et de plus avec une nuance de sentiment qui fut remarquée. Il aimait notre École et notre Société. Notre Société et notre École perdent en lui un homme comparable à ceux qui en ont été ou qui en sont comme l'incarnation vivante.

Je puis dire aussi que tous ses confrères l'aimaient autant qu'ils l'estimaient.

En leur nom à tous, je me joins à M. Delisle pour présenter à la famille de Julien Havet l'expression respectueuse de notre sympathie et de notre douleur commune.

En finissant, je ne puis me défendre d'exprimer une pensée, pensée qui m'est venue au moment même où l'on m'apprenait la mort de Julien Havet. A l'École des chartes, au milieu de certaines diversités de vues, nous faisons tous profession de chercher et d'aimer la vérité. Nul n'a travaillé avec plus de sincérité que notre regretté confrère. Puisse cet amour, puisse cette recherche consciencieuse lui être comptés, à lui comme à nous, à l'heure suprême où apparaît l'éternelle Vérité !

BIBLIOGRAPHIE DES TRAVAUX DE JULIEN HAVET.

HAVET (*Julien*-Pierre-Eugène), né à Vitry-sur-Seine (Seine) le 4 avril 1853. Promotion du 18 janvier 1876. Conservateur adjoint au Département des imprimés de la Bibliothèque nationale, membre du Comité des travaux historiques et scientifiques (section d'histoire et de philologie), lauréat de l'Académie des inscriptions et belles-lettres, membre suppléant de la commission de publication de la Société de l'École des chartes, membre d'honneur de la Société jersiaise, officier de l'Instruction publique.

1. Lettres de Gerbert (983-997), publiées avec une introduction et des notes. *Paris, A. Picard,* 1889. In-8°, LXXXVIII-255 p.

> N° 6 de la *Collection de textes pour servir à l'étude et à l'enseignement de l'histoire.*

2. Miracles de sainte Geneviève à Paris (XIIᵉ-XIVᵉ siècle). Rédaction française attribuée à Thomas Benoist. *Paris,* 1889. In-16, 34 p.

> Pour le mariage de M. Henri-Auguste Omont et de Mˡˡᵉ Fernande-Marie de Fresquet, 23 juillet 1889.

3. The National Library. (Bibliothèque nationale.) *Paris,* s. d. [1892]. In-8°, 12 p.

> Cf. n° 28.

4. La justice royale dans les îles normandes (Jersey, Guernesey, Auregny, Serk) depuis le XIIIᵉ siècle jusqu'à nos jours.

> Pages 17-21 de : *École nationale des chartes. Positions des thèses présentées par les élèves de la promotion 1876,* 1876, in-8°. (Cf. les nᵒˢ 9-10.)

5. Poème rythmique d'Adelman de Liège sur plusieurs savants du XIᵉ siècle.

> Pages 71-92 de : *Notices et documents publiés pour la Société de l'histoire de France à l'occasion du cinquantième anniversaire de sa fondation,* 1884, in-8°.

6. L'écriture secrète de Gerbert.

> *Académie des inscriptions et belles-lettres.* Comptes-rendus des séances. In-8°, 4ᵉ série, XV (1887), p. 94-112; et à part, A. Picard, in-8°, 23 p., 3 planches.

7. La tachygraphie italienne du Xᵉ siècle.

> *Ibid.,* 4ᵉ série, XV (1887), p. 351-74; et à part, A. Picard, in-8°, 28 p., 1 planche.

8. *Denarii Turonenses* ou *denarii Turonensium*.

Bibliothèque de l'École des chartes. In-8°, XXXVII (1876), p. 143-4.

9. Série chronologique des gardiens et seigneurs des îles normandes (1198-1461).

Ibid., XXXVII (1876), p. 183-237; et à part, in-8°, 55 p.

9 *bis*. Nicolas de Moels, gardien des îles normandes.

Ibid., XXXVII (1876), p. 444.

9 *ter*. Nouvelles additions à la série chronologique des seigneurs et gardiens des îles normandes.

Ibid., XXXVII (1876), p. 580-1.

10. Les cours royales des îles normandes.

Ibid., XXXVIII (1877), p. 49-96, 275-332; XXXIX (1878), p. 5-80, 199-255; et à part, H. Champion, in-8°, iv-239 p.

11. Construction d'église dans une ville neuve [Besmont, Aisne] (1230).

Ibid., XLI (1880), p. 453-4.

12. L'hérésie et le bras séculier au moyen âge jusqu'au xiiie siècle.

Ibid., XLI (1880), p. 488-517, 570-607; et à part, H. Champion, in-8°, 67 p.

13. La frontière d'Empire dans l'Argonne. Enquête faite par ordre de Rodolphe de Habsbourg, à Verdun, en mai 1288.

Ibid., XLII (1881), p. 383-428, 612-3; et à part, H. Champion, in-8°, 50 p.

14. Rapport adressé à l'abbé et au couvent de Cluny par Jimeno, ex-prieur de Notre-Dame de Nájera (Espagne), sur sa gestion (premières années du xiiie siècle).

Ibid., XLIV (1883), p. 169-78; et à part, in-8°, 10 p.

15. Compte du trésor du Louvre sous Philippe le Bel (Toussaint 1296), publié d'après le rôle conservé au Musée britannique, *additional charters*, n° 13941.

Ibid., XLV (1884), p. 237-99; et à part, H. Champion, in-8°, 63 p.

16. Questions mérovingiennes.

I. La formule *N. rex Francorum v. inl.* : *Ibid.*, XLVI (1885), p. 138-49; et à part, H. Champion, in-8°, 16 p. (Cf. *Ibid.*, XLVIII, 1887, p. 127-31, et à part, *Vir inluster* ou *viris inlustribus?*, in-8°, 6 p.) — II. Les découvertes de Jérôme Vignier : *Ibid.*, XLVI (1885), p. 205-71; et à part, 72 p.; cf. les nos 17 et 18. — III. La date d'un manuscrit de Luxeuil : *Ibid.*, XLVI (1885), p. 430-9; et à part, 12 p. — IV. Les chartes de Saint-Calais : *Ibid.*, XLVIII (1887), p. 5-58, 209-47; et à part, 99 p. — V. Les origines de Saint-Denis : *Ibid.*, LI (1890), p. 5-62; et à part, 62 p. — VI. La donation d'Étrépagny (1er octobre 629) : *Ibid.*, LI (1890), p. 213-37; et à part, 29 p.

17. Notes tironiennes dans les diplômes mérovingiens.
Ibid., XLVI (1885), p. 720.

18. A propos des découvertes de Jérôme Vignier.
Ibid., XLVII (1886), p. 335-41; et à part, in-8°, 7 p. — Cf. les n°° 16, ii, et 19.

19. Encore les découvertes de Jérôme Vignier.
Ibid., XLVII (1886), p. 471-2. — Cf. les n°° 16, ii, et 18.

19 *bis*. L'Album paléographique de la Société de l'École des chartes.
Ibid., XLVIII (1887), p. 507-10.

20. Charte de Metz accompagnée de notes tironiennes (27 décembre 848).
Ibid., XLIX (1888), p. 95-101 (cf. même tome, p. 144-5); et à part, avec additions, sous le titre : *Une charte de Metz*, etc., A. Picard et H. Champion, in-8°, 12 p., 1 planche.

21. L'avènement de Clotaire III.
Ibid., LIII (1892), p. 323-4.

22. La date du Bréviaire imprimé à Salins.
Ibid., LIV (1893), p. 417-9.

———

23. Les Églises de Paris.
Bulletin de la Société de l'histoire de Paris et de l'Ile-de-France. In-8°, X (1883), p. 144-5.

24. L'Obituaire de Saint-Jean-aux-Bois.
Ibid., X (1883), p. 153.

———

25. Ballade pieuse de la maladrerie d'Eu.
Bulletin de la Société des anciens textes français. In-8°, XII (1886), p. 91-3.

———

26. Rapport de M. Julien Havet sur une communication de M. Laurent. [Chiffres diplomatiques français du xvii° siècle.]
Bulletin historique et philologique du Comité des travaux historiques et scientifiques. In-8° (1892), p. 243-4.

———

27. Chronique de Bourges, 1467-1506, par Jean Batereau, ancien recteur de l'Université de Bourges, et divers autres habitants de cette ville.
Cabinet historique (Le). Gr. in-8°, nouvelle série, I (1882), p. 450-7; et à part, H. Champion, gr. in-8°, 8 p.

———

28. The National Library of France (Bibliothèque nationale).

The Library. In-8° (1892), p. 277-87; et à part, London, 1893, in-8°, 13 p.;
réimpression du n° 3.

29. Maître Fernand de Cordoue et l'Université de Paris au xv° siècle.

Mémoires de la Société de l'histoire de Paris et de l'Ile-de-France. In-8°,
IX (1882). p. 193-222; et à part, 1883, in-8°, 30 p.

30. Handschriftliche Notizen aus dem Bamberger Kloster Michels-
berg.

Mittheilungen des Instituts für oesterreichische Geschichtsforschung. In-8°,
II (1881), p. 119-22.

31. Notices et extraits des manuscrits de la Bibliothèque nationale et
autres bibliothèques, publiés par l'Institut national de France.....
Tome XXX, contenant les tables alphabétiques des matières renfer-
mées dans les tomes XVI à XXIX des Notices et extraits des manuscrits. [II° partie. Table alphabétique des matières contenues dans la
partie occidentale.]

Notices et extraits des manuscrits. In-4°, XXX, II (1893), VIII-301 p.

32. L'Affranchissement *per hantradam.*

Nouvelle Revue historique de droit français et étranger. In-8°, I (1877),
p. 657-62.

33. **Igoranda* ou **icoranda,* « frontière. » Note de toponymie gauloise.

Revue archéologique. In-8° (1892), p. 170-5; et à part, in-8°, 8 p.

34. Société jersiaise pour l'étude de l'histoire et de la langue du pays.

Revue critique d'histoire et de littérature. In-8°, nouvelle série, II (1876),
. 45-7.

Philippe d'Aubigny.

Ibid., nouvelle série, II (1876), p. 173-4.

36. « Philippus de Aubingni » et son origine.

Ibid., nouvelle série, II (1876), p. 398-9.

37. Les Proverbes d'Aristote en hexamètres latins.

Revue de philologie. In-8°, nouvelle série, XI (1887), p. 123-4.

38. Du sens du mot « romain » dans les lois franques. Examen d'une
théorie récente présentée par M. Fustel de Coulanges.

Revue historique. In-8°, II (1876), p. 120-36, 632-7.

39. Du partage des terres entre les Romains et les Barbares, chez les Burgondes et les Visigoths.

Ibid., VI (1878), p. 87-99.

40. Mémoire adressé à la dame de Beaujeu sur les moyens d'unir le duché de Bretagne au domaine du roi de France (1485 ou 1486).

Ibid., XXV (1884), p. 275-87; et à part, in-8°, 13 p.

41. Note sur Raoul Glaber.

Ibid., XL (1889), p. 41-8.

42. Les couronnements des rois Hugues et Robert.

Ibid., XLV (1891), p. 290-7; et à part, in-8°, 8 p.

---

43. *Remissio pro Richardo Duneville.*

Société jersiaise, bulletin annuel. In-4°, II (1876), p. 72-4.

44. Contrat jersiais du 8 juin 1384.

Ibid., V (1880), p. 190-3.

---

45. Julien Havet a rédigé, depuis 1873, dans la *Revue critique*, les comptes-rendus des séances de l'Académie des inscriptions et belles-lettres[1]; depuis 1879, la liste des « Livres nouveaux » qui accompagne les livraisons de la *Bibliothèque de l'École des chartes;* et l'analyse du *Centralblatt für bibliothekswesen* dans le *Bulletin des bibliothèques et des archives* (1884-1889). — Il a collaboré, pour la rédaction des sommaires, au *Musée des archives départementales* (1878); à l'*Album paléographique*, publié par la Société de l'École des chartes (1887), dans lequel on lui doit les notices des planches 7 à 9, 11 et 18; à la *Phœnix, seu nuntius latinus internationalis* (Londres, 1891, in-4°). — Il a collationné l'un des manuscrits des *Récits d'un ménestrel de Reims*, publiés pour la Société de l'histoire de France, par N. de Wailly (1876); les textes de la *Notice sur les actes en langue vulgaire du XII° siècle contenus dans la collection de Lorraine à la Bibliothèque nationale*, publiés par le même dans les *Notices et extraits des manuscrits*, XXVIII, II (1878), p. 1-288, et à part, in-4°; enfin une partie du *Roman de Florimont*, pour le mémoire de M. Jean Psichari dans les *Études romanes dédiées à Gaston Paris* (1891). — Il a fourni les déchiffrements de notes tironiennes publiés par M. Delisle dans la *Note sur un monogramme d'un prêtre artiste.....*, par J. Desnoyers, avec note complémentaire de M. L. Delisle dans les *Comptes-rendus de l'Académie des inscriptions* (4° série, t. XIV (1886), p. 378-381, et à part, in-8°, 8 p.); et dans le *Mémoire sur d'anciens sacramentaires*, par M. L. Delisle, dans les *Mémoires de l'Académie des inscriptions et belles-lettres*, XXXII (1886), p. 57-423, et à part, in-4°. —

---

1. Il était chargé, en outre, depuis 1887, sous la direction du secrétaire perpétuel, de la rédaction des *Comptes-rendus des séances de l'Académie des inscriptions et belles-lettres* (Paris, A. Picard, in-8°).

On lui doit aussi différentes remarques pour le *Dictionnaire général de la langue française* de MM. Hatzfeldt, Darmesteter et Thomas. — Il est enfin l'auteur du *Cadre de classement de la table méthodique du* « Bulletin mensuel des publications étrangères reçues par le Département des imprimés de la Bibliothèque nationale » (1879, in-8°), et c'est par lui, ou sous sa direction, qu'a été publié ce même *Bulletin mensuel* depuis 1877.